歯医者復活戦

歯科医院の物語から学ぶ
選ばれるブランドのつくり方

作：廣田祥司
画：砂糖ふくろう

院長室
奥村歯科クリニック
診療案内
【診療日】
●月曜日～土曜日(水曜日除く)
午前部10:00～13:00
午後部14:30～18:30
●日曜日(第1、第3日曜日のみ診療)
午前部10:00～13:00
【休診日】
●水曜日
●第2、第4、日曜日
●祝日
だから!!!
奥村歯科クリニック
院長
奥村光一
奥村歯科クリニック
院長の妻
奥村ちえ
技術さえあれば患者さんはいつか来るんだよ!!!
いつかっていつよ!!!
税理士
お…お二人とも
落ち着いてくださ…

あんたは口出しすんな!!!
ひいっ!!

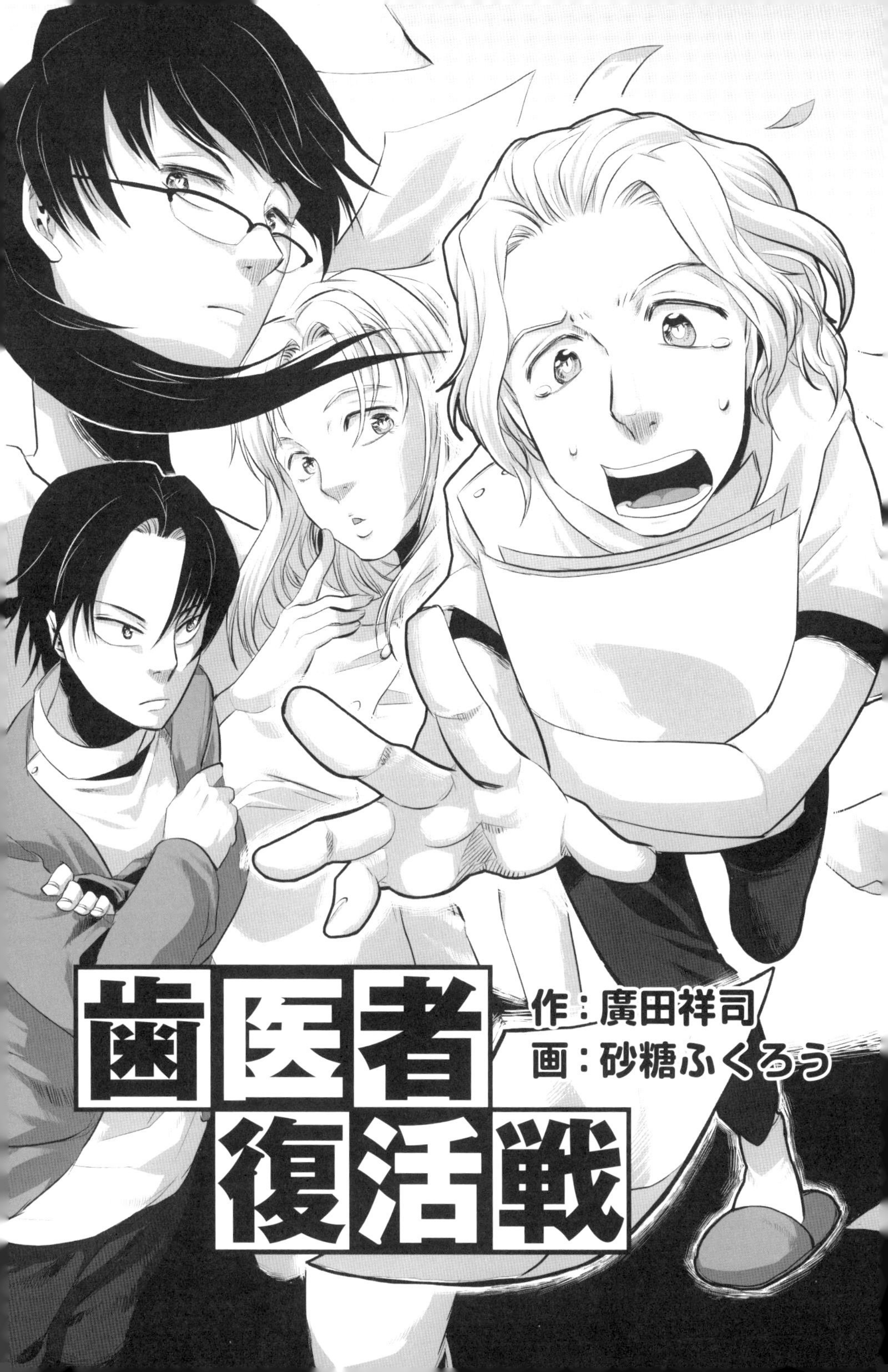
歯医者復活戦
作：廣田祥司
画：砂糖ふくろう

患者さんがいつ来るか？
そんなのわかってたら誰だって苦労しないよ
ははっ
ブチッ
今患者さんが来てないのは
患者さんが俺の技術のスバラシさを理解できてないだけだし
ふる
ふる
ふる
あのねぇ…
そういうのを傲慢っていうのよ！
なっ!!!
経営は苦しくなる一方だし
それなのにCTを入れる!!?
銀行の融資だって断られたばかりでしょ!!?
ザックリ
びくぅっっ

・・・ねえ
こーちゃん
今どういう状況なのかってことわかってる？
……
ふいっ
あたしたちの生活がかかってるのよ？
ビクッ
!!!
じゃあ
なんでお前は
現場から離れたんだよ

ガタッ
それはっ!!!
現場から離れたお前に
何も知らないお前なんかに
言われる筋合いなんて
ないっっっ!!!
……そういうこと
言っちゃうんだ……

ごめんっ
ちえっっっ
今のはっ
こーちゃん
こーちゃんは何がしたくて
歯科医院を開業したの…？

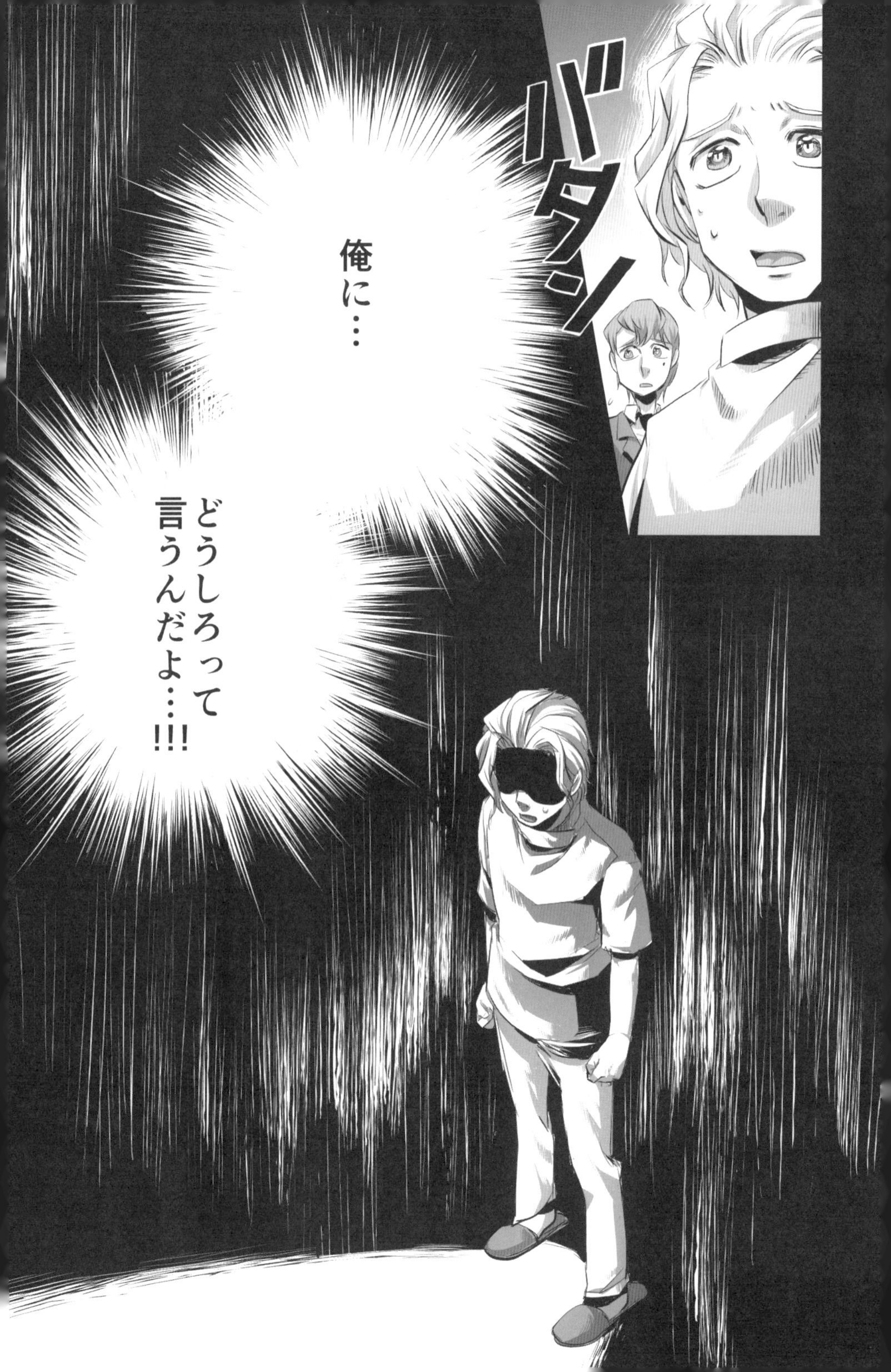
バタン
俺に…
どうしろって言うんだよ…!!!

第1話 技術があればいいんじゃないの？

今日
早退しますね
はい？
今日も
午後の予約
少なかったです
よね？
いや…
まあ…うん
じゃあ
大丈夫ですね
今日
息子の保育園の
あつまりがあって
早く帰らなきゃ
いけないのを
忘れちゃって
ましたーっ
すみませーーん
—…
そういう
ことは
前もって
言ってもらわ
ないと…
息子さんのコト
なら仕方
ないけどサ

次から気をつけまーす
反省してまーーーす
相葉さんにひきついできますねーっ
―次っていつだよ!!!
そのセリフ何度も聞いた!!!
はあああっっ
ギシッ
あっっ!!
電話っ!!
ごっごめん!!
待たせちゃって!!
大変そうだな
保留ボタンくらい押してくれ!!
聞こえてたのね…

……で用件って何？
今日のアメフト部のOB会お前行かないって言ってただろ
あー……
その話ね——っ
なんかそんな気分になれなくて…
中川先輩来るらしいが
はあっ…
なぬっっ!?
!!!
中川先輩が来るなら話は別だ
何時に場所どこだっけ？
アメフト部OB
……
現金な奴だな

ひゃーっ!!!
すっげー人だらけ!!!
おーっ奥村!
ビクッ
この声はっ
お前来ないんじゃなかったのか?
ぐはっ
こいつ中川が来るって知ったとたん
急に出席にしたらしいぜ
ほー?
ぎくぅっ
他の連中は興味がないってか?

いやっっ そういう訳じゃ・・・!
おいっ 田中っ!
しら〜〜っ
おおっ!! 中川っ!!!
ざわっ
!!
ひさしぶりだなーっ!!!
お前変わらないなあ・・・
中川先輩相変わらずだな
スゲー人気
人だかりっ
そりゃー俺らの憧れだからなー!

相変わらず かっこいいいっ!!!
今日来て よかった・・・!
あ
じーん
おう
お久しぶり です
相変わらず 仏頂面だな
先輩も お変わり ないようで なによりです
むしろお若く なったんじゃ ないですか?
大学の頃は とてもとても 二十代の顔には 見えませんでし たしなにより 一般人 とう
口が減らねえ のも相変わらず だな
悪かったよ
……っと 奥村も久しぶり だな
今日は 来れないと 聞いていた んだが

中川先輩が来るって聞いて
やっぱり来ちゃいました
お前もお前でお世辞がうまいのも
相変わらずか
おっお世辞じゃないですって！
はいはいはいはい
思い出話は座ってからにしよーぜ！
まずは乾杯！
アメフト部ますますの発展に
乾杯っ!!!

ガヤ
ガヤ
……っと
ピリリリ…
すみません ちょっと席外します
あいつ
うまくいってるみたいだな
へ？
歯科医院の経営がだよ
この間セミナー会場でたまたま見かけたんだが
↑大学時代
大学時代のあの死んだ目が
いきいきとしていたのに驚いた
そうなんですよねー…
変わったというか…

歯科医師としても
経営者としても
成長してるって
ことなんだろうな
なんだよ・・・
田中のことばっかり
ほめて・・・
・・・・・・
俺だって
頑張ってるのに
なあ・・・
しょんぼり
で
お前は
どうなんだ?
フッ
えっ

ぼっ僕も・・・
成長してますよっっ
風の噂で
お前のところは閑古鳥が鳴いてると聞いたが…
後輩の中でお前が一番心配だっただけに
僕だって
ぎゅっ
頑張ってますよっっ
今度CTを入れる予定でっ
銀行に融資のお願いをしてるところなんですっっ！
……
CT入れるのか?
は、はい!!!

俺のとこもこの間導入したんだが
CTを導入したことで確かに患者さんも安心してくれるし
わざわざ他にCT撮りに行ってもらう手間もなくなった
やっぱり！
僕もそうなるんじゃないかと思っていて！
先輩の目のつける物を俺も目をつけたってことは
これでうちも大丈夫になる！
説明すれば銀行融資だって・・・！
しかし
今の状況でCTを入れるのは得策ではないと思うんだが・・・
フフッ先輩！
これは先行投資ってやつですよ！

確かに今は
閑古鳥が鳴いて
いますけど
CTを入れて
患者さんに
アピールすれば
絶対に
大丈夫です！
僕の医院の
技術がわかれば
患者さんだって
きっと・・・！
……
コトン
技術・・・ねえ

今日嫁とそのことでケンカしてきたんですけど
歯科衛生士として現場から離れて感覚ニブッちゃったみたいで
クチコミや紹介がどうやってくるかってヤツを理解しないんですよね
…
いい仕事をしたら自ずと人は来るっていうか
本当に自分の腕に自信があれば
腕もないのにインターネットに力入れて「増患」してる人もいますけど
それって違う気がするっていうか
そんなことする必要ないじゃないですか

あいつ
そういうこと
わかってなくて
先輩も
そう思いま
せんか？
奥村
なんか
勘違いしてねえか？
えっ…
びくっ

お前もお前なりに頑張ってるだろうと思って
何も言わないでいたが…
わかってないのは本当にお前の嫁か？
お前の言う
…その技術ってやつを理解していないのは
本当に患者さんの
せいなのか？

・・・
!!!
それは…
そもそも
患者さんがお前の技術を理解して
何になる?
理解してない
理解してくれない
と言うが
お前自身は
患者さんの
求めていることを
理解
できてんのか?
そっ…
僕はっっ

僕は…
ちゃんと理解してますよ
患者さんの求めること
理解してます
患者さんの声に耳を傾けてます
患者さんのニーズに応えてます！
だから理解すべきなのは
患者さんなんです！

それが
お前の言う
ニーズに応える
って姿か？
…っ
わからないなら
言い方を変えよう
患者さんに対し自分が伝えたいことを
理解してもらうことができないのは
お前の問題ではないのかと
聞いているんだ

そっ…
それは僕のやる仕事じゃないです
スタッフがやる仕事で…
スタッフ？
自分を擁護するための
言い訳に過ぎんな
そんなっ…!!!
じゃあ
聞かせてもらうが

「仕事ができていない」スタッフの「教育」は
誰がしてんだ？
ぎゅっ
さっきから聞いていれば
悪いのはすべて嫁が、患者さんがスタッフが
医院のトップに立つお前には
一切の責任もないかのようだな
……!!!
先輩としてはっきりと言わせてもらおう

今のお前には誰一人として
ついていきたいとは思わない

少なくとも俺だったら
そんな想いで現場に立っているお前に
口の中をみせたくはないな
……
医院の業績不振の原因は
院長の理念なき経営にある

お前の今の言動は
理念なきワンマン経営者
そのものじゃないか？
僕は…
すみません
今日は帰ります
奥村

少し頭冷やしてこい
そのあと
言いたいことがあれば連絡すればいい
俺はまだ
お前がなぜ歯科医師の道を選んだのかを
聞いていない
あるんだろ
……!
理由が
きゅっ
……
ぺこっ
……
どんっ
奥村…
すっ。。

……
それがお前の言うニーズに応えるってことの姿か
医院のトップに立つお前には一切の責任はなく
すべてはお前の周りのヤツが悪いのか
自分を擁護するための言い訳にすぎんな
医院の業績不振の原因は院長の理念なき経営にある

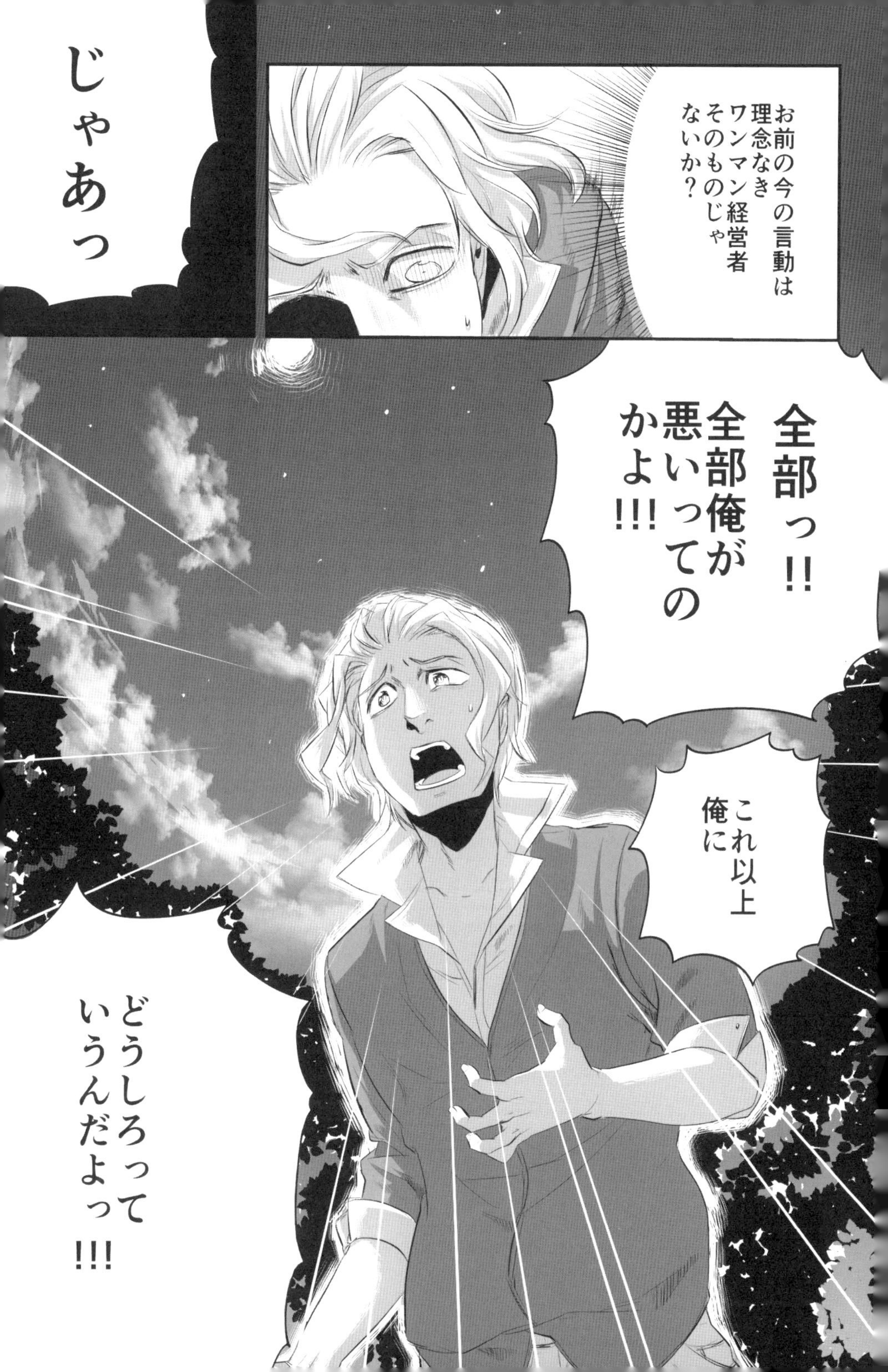
お前の今の言動は理念なきワンマン経営者そのものじゃないか？
じゃあっ
全部っ!! 全部俺が悪いってのかよ!!!
これ以上俺に
どうしろっていうんだよっ!!!

いや…
その通りだよ…
どこかで俺
わかってたんだ
よな
上手くいっていないのは
自分自身のせいだって
正直
開業する時だって
どこかしらで
同期の中で
一番早く独立する
っていう見栄も
あったし
それができたのは
俺の両親、嫁、お義父さん
…皆のお陰だったのに

どこかしらで「俺がやった」なんて
傲慢になってて
こーちゃんは
何がしたくて開業したの…？
俺はまだお前に
なぜ歯科医師の道を選んだのか聞いていない
何がしたくて…
俺が歯科医院を開業したのは…
!!!

かしわ葉デンタルクリニック
本日の診療は終了しました
僕 今度こそ
やりたかった「歯科医院」を
形にします
だから先輩どうか
ご指導ください!!!
ニッ
ガシッ
おうっ!!!

第2話 答えは自分の中にある

「増患」を実現するホームページ講座
歯科スタッフのスキルアップ講座
自費率アップのカウンセリング講座
患者満足度を高めるコミュニケーション講座…
どれをやったところで単発的な効果は多少見られても
継続的な効果にはつながらない
おっしゃる通りです
それだけに
もう何が何だか…
わからなくなってしまって
だから初心に戻って
技術や設備いい仕事こそ
クチコミや紹介につながるなによりの近道だと思ったんです…

いい仕事こそ
か
さて
ここでは
いい仕事＝技術の高さ
設備のよさなのか
ということに
ついては
置いて
おくとして
えっ
置いとけ
それよりも
まず先に
〝理想の歯科医院経営〟
を定義しておこう

本来俺たち
歯科医院を経営
する立場が
目指すべき
経営の形
とは
持続的成長
歯科医院の
持続的成長
つまりは
スポットスポット
で対症療法的に
効果を出そうと
するのではなく
これから先
長く成長し続けること
ず〜〜っと
○
×
スポット
スポット
スポット
それがありきで
考えられなければ
いくら良いツール
良い手段が
手に入ったところで
小手先の
テクニックにしか
落とし込めん
僕が
今まで
持続的に結果を
出せなかった
のは…

小手先のテクニックとしてしか
利用できていなかったからだろう
書籍やセミナーコンサルが悪かった
とは
一概には言えない
書籍
セミナー
コンサル
キュッ
手段は道具だ
目的を遂行するために利用する道具
例えばこのマジックとか
では
目的は？
目的は…
歯科医院の持続的成長……ですか！

とすると
目的も手段もはっきりした今
目的
段
道具
今まであらためて学んできたことをやり直せば・・・・!
やったらできそうか?
う〜ん
いや…
何か違うような気がします…
手段は目的を遂行するための道具だと言ったが
仮に「家が欲しい」という目的に対して
家づくりに必要な道具をすべて手に入れたら

MY HOME!!
家つくれるか？
ちょっと無理がありますね…
プロに頼みます…
だよな
道具
キュッ
お前が今言ったことは
道具
それとほぼ同義だと思っていい
手段も選ぶ必要があるというワケですね
手段を選ぶ選定基準…
本来の目的は持続的成長…
持続的成長
道具
あ

持続的成長を可能にするために別の何かが…
『カギ』みたいなのがあるんじゃないですか？
まさにその通り
さて
コト
質問があれば後から受け付ける
ここからは
俺の話を聞くことに注力してほしい

持続的成長を可能にするためのカギ
とは何か
そのカギはパーソナルブランディングにあると思っている
パーソナルブランドが確立されているか
そしてパーソナルブランドは院長のミッションに基づいているか
パーソナルブランディング？ミッション？
まあそういったところで
今日それをぜんぶ説明して
お前に即理解実行してもらう…というのは
難しいだろう
だから今日は

『ミッション』とは

「ミッション」とは、
企業の使命や存在意義、何を達成したいかを意味するもの。

「ビジョン」とは、
目指すべき方向性、将来あるべき姿のこと。

「バリュー」とは、
企業の価値観、すなわちミッションやビジョンを、
どうやって、何を大切にしながら達成していくのか
という行動の判断基準を意味します。

そして**企業理念**とは、
ミッション、ビジョン、バリューを統合した概念です。

元スターバックスコーヒージャパンCEO岩田松雄著「ミッション」（アスコム）

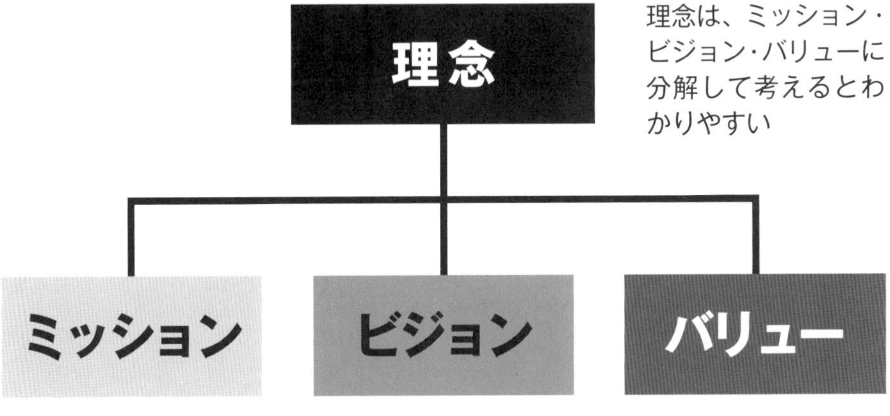

理念は、ミッション・ビジョン・バリューに分解して考えるとわかりやすい

ミッション
（使命・存在意義）
ビジョン
（将来のあるべき姿）
バリュー
（価値観・行動指針）

『ミッション』が引き寄せるもの

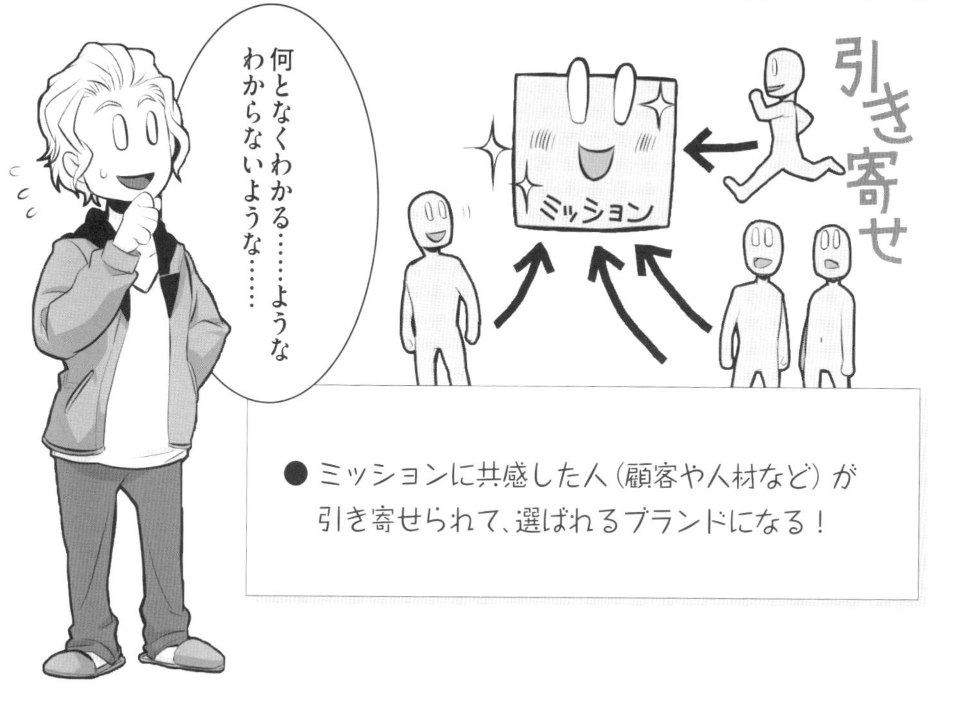
何となくわかる……ような
わからないような……
引き寄せ
ミッション
● ミッションに共感した人（顧客や人材など）が
引き寄せられて、選ばれるブランドになる！

ミッションという言葉が難しいなら言い換えよう
お前が
歯科医院を開業した目的はなんだ?
え
まさかと思うが
開業したら楽して儲かるなどと思っていたわけじゃあ・・・
ありえませんありえません!
楽じゃないし儲かってないし
勤務医時代から楽だなんて一度も思ったことないです!
まあ…それもそうか
厚生労働省の医師・歯科医師薬剤師調査によると平成22年には

歯科医師数と歯科医療機関数の推移

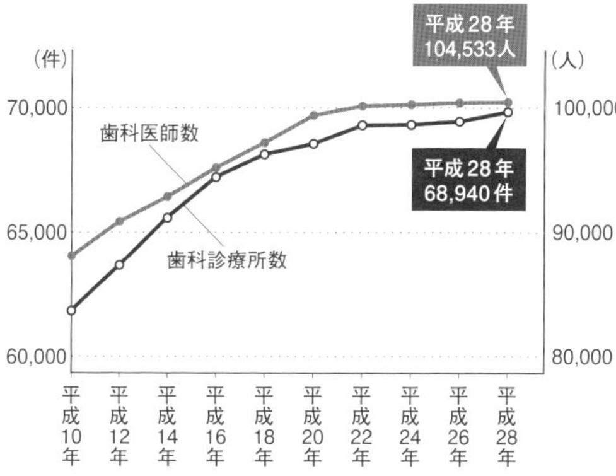

厚生労働省「医師・歯科医師・薬剤師調査」「医療施設調査」より

自分の身を置く業界のことくらい知っておくべきだと思うが…
怠慢じゃないか?
うっ…
申し訳ありません…
まあいい話を戻すぞ
つまり奥村
お前は歯科医院経営を通して
成し遂げたいことがあるということだよな
独立して歯科医院を経営しようとした
キッカケが
あるということ…だよな?
受付
最初は…

大学時代はそんな崇高な想いを
持っていたワケじゃなかったんです
親が歯科医師だったからなんとなく歯学部に進んだというか…
けど
勤務医時代に企業や学校の健診をしていた際に
みんな歯医者は
『虫歯ができたら行くところ』
と思っていることに驚いたんです

それで僕思ったんです
歯科医院を僕が経営するときは
予防歯科をもっと世の中に
広められるよう力を入れて
多くの人にこれから先長く続く人生に健康と笑顔を
ハッ
与えるんだって…
そういうことか…!!!
その想いは

現場に反映されているか？
今まで受けたコンサルやセミナーはその想いに沿ったものだったか？
それに対してスタッフはついてきたか？
ふる
ふる
フッ
俺たちは

嬉しい！
ぼく泣かなかったよ
先生ありがとうございます！
こうありたいという想いがあり
その想いのもと歯科医院を開業することを決めたはずだ
増患
俺たちは「増患」して儲けることが目的じゃなく
今来院している患者さんはもちろん
虫歯？
そこまで痛くないからまだ大丈夫
定期検診？治療後も
歯医者さんに通うの…？
まだ来院されていない患者さんたちにもよりよい生活環境を与えるために

医院を経営しているんじゃないか？
そうです！
ガタ
その通りです！
奥村
さっきお前が言っていたその想いは
ミッションそのものだよ
ビジョン
バリュー

これがミッション…!!!
多くの人にこれから先長く続く人生に
健康と笑顔を与えるんだって…!
ぎゅっ
お前が言っていた何がわからないのかというのは
この部分
ミッショ
コンコン
ミッションだったんじゃないか？

本来『こうありたい』と想い願うのに
ション
『現実的に考えると』…と
手元に目を落とす
そうすればそうするだけ『過去築きあげてきた』
『現在の状況』にとらわれ
本来あろうとした形ではなく
コン
コン
『増患』すること
が目的となってしまう
しかし
今現在の状況はとらわれてしまっている
理念なき経営のもと築いてきてしまった過去の産物だ
であれば

今そこにある
ミッションをもとに
これから
一歩一歩しっかりと
歩いて行って
その結果を
築いていったら
どうだ？
自分の
ありたい
姿が
そこに
あるんじゃ
ないか？
受付
今日は

本当にありがとうございました!
本当はもう少し話すはずだったんだが
あらかじめ説明しようと思っていたものを
それにまとめてある
こんなものまで用意してくれて・・・!
本当にありがとうございますっ!
奥村

答えは自分の中にある
…?
今日説明したことでわからないことがあれば

「答えは自分の中にある」
それを思い出せ
返事は？
あっ
答えは自分の中にある…？
はいっっ…!!!
どういうこと…？

先日の説明と書類をもとに
ミッションビジョンバリューを
明確にしてみたんです
うーん
うーん
ビジョン
第3話
問われるリーダーシップの在り方
で
早速
朝礼の時唱和するようにしてみたんですけど
これ結構はずかしいですね
ミッション
想いを口にする訳だからな
まあ
最初のうちこそこそばゆさを感じるだろうが

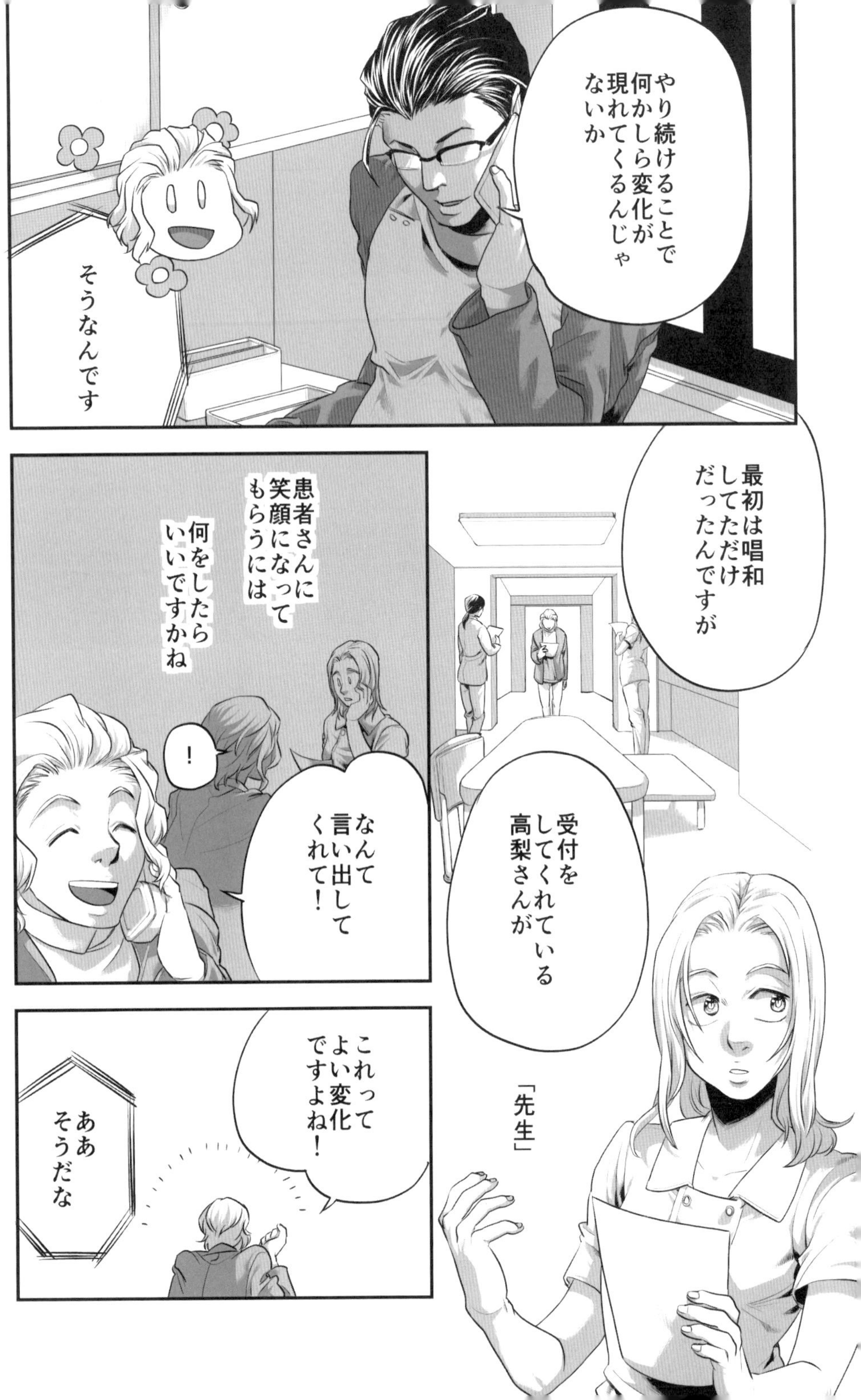
やり続けることで何かしら変化が現れてくるんじゃないか
そうなんです
最初は唱和してただけだったんですが
受付をしてくれている高梨さんが
「先生」
患者さんに笑顔になってもらうには
何をしたらいいですかね
!
なんて言い出してくれて!
これってよい変化ですよね!
ああ そうだな

とりあえずすぐできることとして
まずは自分たちが笑顔であることを心がけようって
笑顔を絶やさない
ピラッ
そのおかげもあってか受付の高梨さんに
「院長最近イキイキしてますね」なんて言われました
いい傾向じゃないか
はい！
こそっ…
スーッ
じゃあこの間の続きリーダーシップについて
来週にでも話すか
はい！
また同じ曜日でいいですかね？
よしっ！
ぐっ
コンコン

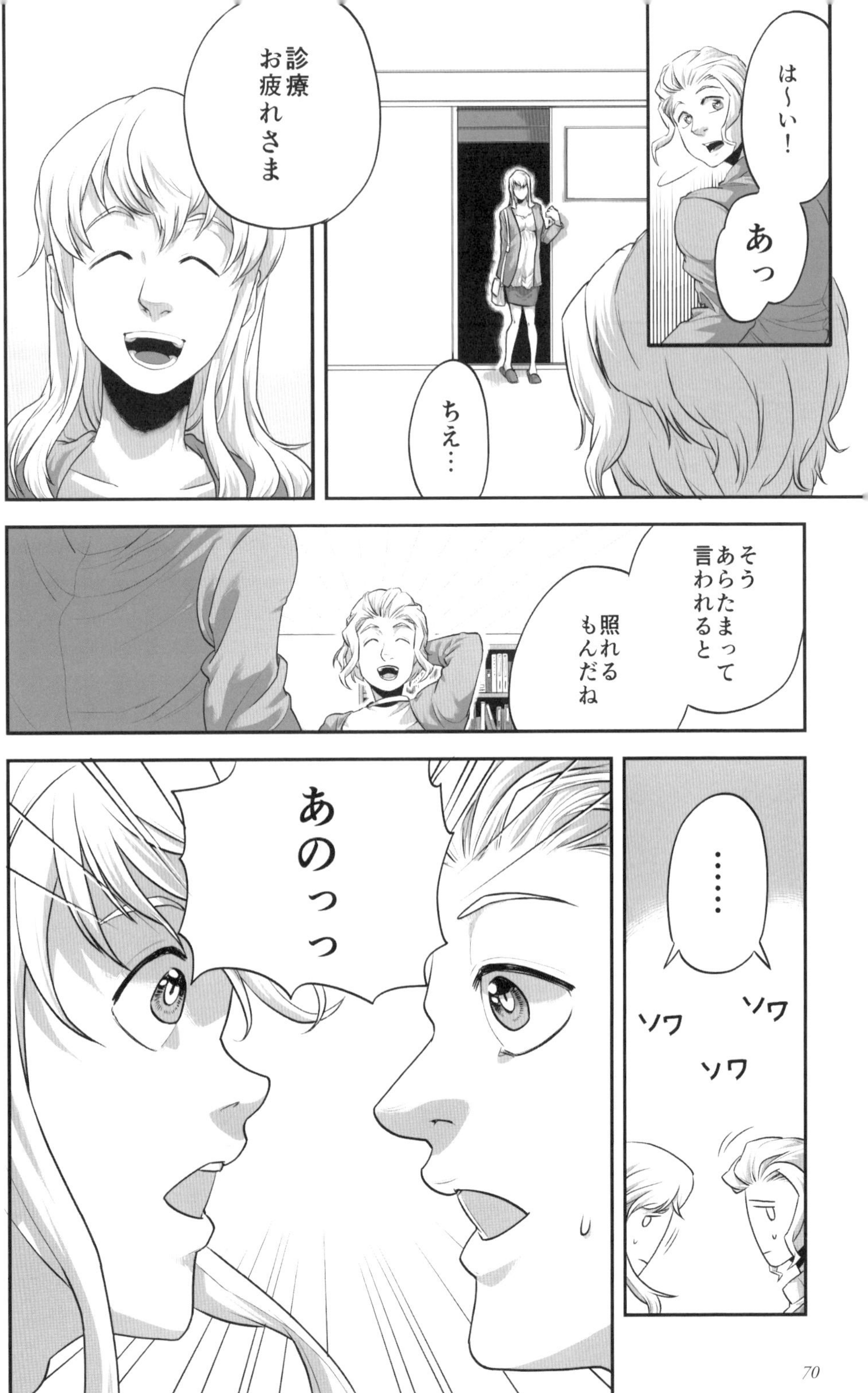
は〜い！
あっ
ちえ…
診療お疲れさま
そうあらたまって言われると
照れるもんだね
……
ソワ
ソワ
ソワ
あのっっ

どうぞ
そちらから
いやいや
どうぞ
どうぞ
どうぞ
コホンッ
ずっと
謝ろうと思ってたんだ
言われる筋合いなんて
ないっっ!
この間のこと…
ごめんっっ!
あんなヒドイことを言って
現場
好きで離れたワケじゃないんだよな
子供が…照太が生まれて離れざるをえなかったのに
それをわかっていながらあんな暴言を…

ほんと…ごめん…っ
こーちゃん…
ううん
私の方こそごめんなさい
一方的に責めちゃったし
こーちゃん頑張ってるのに私、話をちゃんと
聴こうとしてなかったね
今どういう状況だかわかってる？
そういうのを傲慢って言うのよ!!!
ちえ…
でもなんか最近のこーちゃんすごく楽しそうだし
医療に情熱的だった昔に戻ったみたい…!!
すっ

また2人で頑張ろうね!!
うん…!!
あ
そんなところに水をさすようなんだけど…
これ
パサッ
請求ミスかあ…
高梨さん…?これやったの
うん…

またか・・・
何度も注意してる
はずなんだけど・・・
結構コレ
頻繁にあるんだ
よね
こーちゃん？
あ
ゴメン
これについては
俺から伝えるよ
あと
この分は
俺処理
するから
あとは
まかせて
・・・
1週間後
・・・・・・とは言ったものの
あのあとミスは
ないんだよなぁ
実際にミスした時に
注意しないと
彼女の場合
意味ないしなー・・・
先生？

ああ！すみません
今日の治療はこれで終わりです
いかんいかん！今は目の前の患者さんに集中しないと！
予定ではあと2回来院いただければ終了します
お大事になさってくださいね
ありがとうございました！
はーい
あれ・・・？相葉さーん！
しーん・・
さて次の患者さん・・・

えっ…?
どういうこと?
次の患者さん
待合室に座った
ままだし
さっきの患者さんも
会計待ちしてるし…
けんか…?
スタッフルーム!
ちょっ…
ちょっと!!
何があったの!?

なんで高梨さん
受付にいないの？
次の患者さん
待ってるし…
先生
ごめんなさい
息子がまた
熱をだしちゃって
オロ
オロ
すごい熱！
らしいんです
後のこと
相葉さんに
お願いしようと
…
だからっ
私は次の患者さんの
準備しなきゃいけない
って何度言ったら…！
でもっ！
私帰らないと
また…
早退かよ…
お願いできる
のは
相葉さんしか
…！
あなた
いつも
そうやって
毎回毎回
相葉さんに
仕事を
押し付けて
ぐいっ
こんな、
トラブルまで
起こして
上手くいき始めたと
思っていたのに…！
ぐっ

あのさあ
高梨さん
仕事やる気ないなら
辞めてもらえないかな
そっそんな!!!
困りますっ!!!
困りますも何も自分の状況ふりかえってみてよ

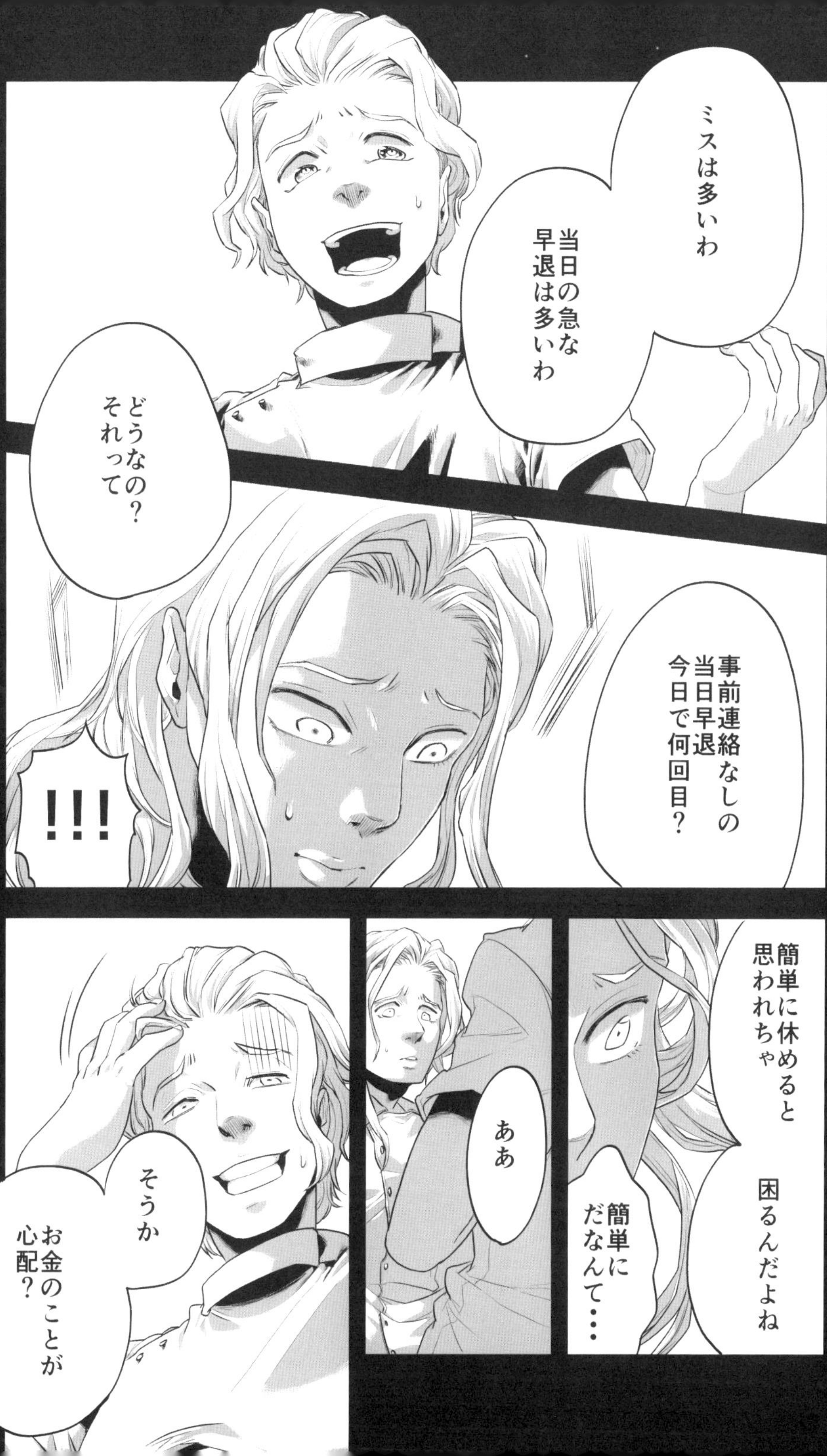
ミスは多いわ
当日の急な早退は多いわ
どうなの？それって
事前連絡なしの当日早退今日で何回目？
!!!
簡単に休めると思われちゃ困るんだよね
簡単にだなんて・・・
ああ
そうか
お金のことが心配？

1ヶ月分の給与は払うし
次の仕事探せるでしょ？
そういうことじゃなくて
あたし…っ
じゃあっ
どういうことだよ!!!
俺は過去君がミスしても責めることはなかったし
早退しても何も言わなかった
子供のことであればとむしろ早く帰るよう声をかけてきた
でも君は！身勝手な早退だって多かったよな!!?

ギリッ
わからないことがあってもただ作業するだけ
ミスを改善しようとしたことはあった？
わからないことがあれば聞く
できそうなことは自分でもやってみる
用事があるのであれば前もって連絡する
俺はただそれだけのこと
社会人としてアタリマエのことを求めていただけだ
なのになんで
そんな簡単なこと
できないんだよ!!!
ヨロッ…

相葉さん悪いんだけど
会計待ちの患者さん対応してもらえる?
わかりました
キィ・・・
これだから
意識の低い人ってイヤなの
フッ
バタン
受付
・・・お前何考えてんだ?

お前は
そのスタッフに
感情的に
しかも一方的に
辞めろと
つきつけただけ
じゃねえか
馬鹿か？
自分でも
感情的に
なり過ぎたと
思ってます…
けどっ
その歯科助手の
勤務態度は
今話した通り
なんですよ？
ああなった
のは
自然な成り行き
かと…
はあっ…
わかってないな…

ミスが多かったのを今まで指摘しなかったのは
誰だ
僕です
早退してもいいやと思わせる環境を作ったのは
誰だ
僕です・・・
けど他の人に任せればいいってもんじゃ
その状況を黙認し続けてきたのは
誰だ
・・・
僕です
そういった環境を作り上げたのは

スタッフ自身か？
それとも
院長であるお前か？
僕
です
お前の話を聞く限りだが
その歯科助手は今までと何かが変わっていたように思うんだが
彼女が…
ですか？
あくまでも憶測にすぎんが…

注意するタイミングが見つからなかったということは
ミスが減ってきていたともとれなくはないか？
確かに・・・・！
勤務態度が悪かったというのは
ミス
ミス
早退
早退
無断欠勤
ミス
ミス
お前自身が知らず知らずに教育してしまった
悪習慣の過去の積み重ねの産物にすぎん
感情的になるのはわかるが
経営者である以上感情と起きた出来事は切り分ける必要がある
感情
出来事
それができた上で
スタッフに示唆することが
経営者としての役割だろう
と
俺は思っている
とはいっても

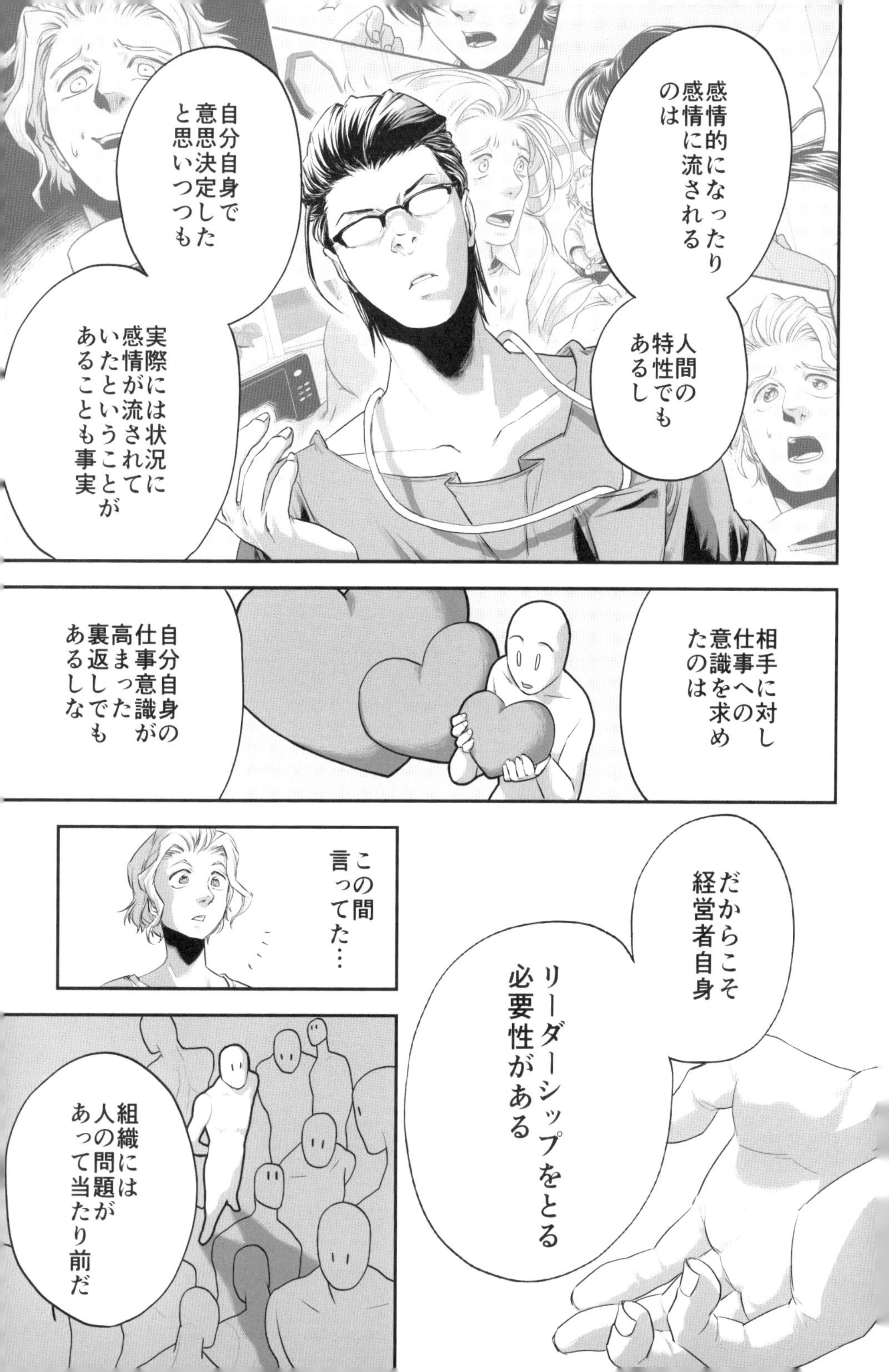
感情的になったり感情に流されるのは
人間の特性でもあるし
自分自身で意思決定したと思いつつも
実際には状況に感情が流されていたということがあることも事実
相手に対し仕事への意識を求めたのは
自分自身の仕事意識が高まった裏返しでもあるしな
だからこそ経営者自身リーダーシップをとる必要性がある
この間言ってた…
組織には人の問題があって当たり前だ

歯科医院においても日常的に起こる多くの問題は
人の問題
突き詰めていくと「人の問題」ってのは
スタッフ
患者
院長
コン
コン
スタッフや患者さんとの
コミュニケーションの問題で
多くの場合トップである院長の
セルフリーダーシップに左右される
セルフリーダーシップ
院長

リーダーシップという言葉はよく耳にするから知っているだろう
通常リーダーシップとは
目的
リーダー
集団をまとめながらある目的へと向かっていくことだよな
しかしリーダーシップを発揮するというのは
リーダー
管理職
部下
部下
部下
管理職という立場リーダーという立場が他人に対して行使するものだけでなく
自分自身にも行うことができる
自分自身を導くから
〝セルフ〟リーダーシップですか
ああ
では
自分自身を導くためにはどうすべきかというと…

『セルフリーダーシップ』とは

自分自身をリードする方法です。

自分をその気にさせ奮い立たせて、ある目標に近づけていく、**導いていく**、というのがセルフリーダーシップです。

自分をリードするためには**ミッションが必要です**。

ミッションが明確であれば自ずとビジョンが決まり、ビジョンが決まれば、日々のバリュー（価値観・行動指針）も決まっていきます。

これはまさに、自分をリードするセルフリーダーシップそのものです。

ブレない自分の軸となる**自分理念**を明確にして、その延長線上に**経営理念**が掲げられます。

その理念を言葉として人に伝えることで**リーダーシップ**が発揮され、やがて内外に個人、組織の**ブランド**が築かれるのです。

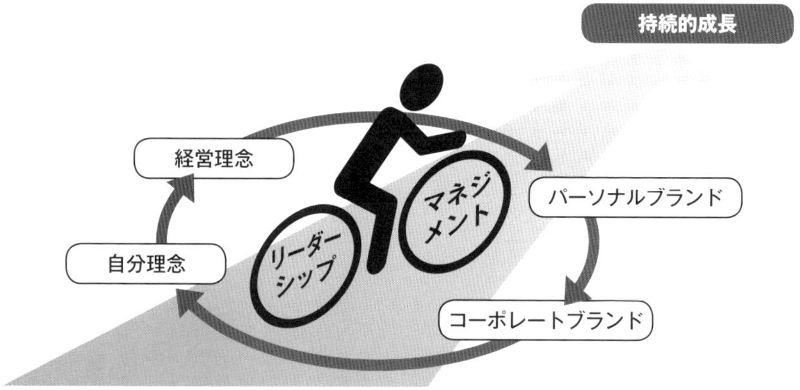

セルフリーダーシップ＝自分をリードすること
キュッ
端的に言えば
セルフリーダーシップとは自分をリードすることだと思っていい
さて
今日お前が報告してきたスタッフとの問題…
仮に奥村がリーダーシップを発揮し
感情に流されずにその問題に向き合うことが出来ていたら
何かが変わってくるとは思わないか？
思います
少なくともあんな形でスタッフを帰してしまうことには
ならなかったと思います
そうだな

だからこそ経営者という立場
他人を導く立場にあるものは
リーダーシップを発揮できるかどうかが必要となってくるわけだ
リーダーシップをとれるようになると
その中核にあるミッションが自分自身の中でさらに定着し
行動
行動
行動
行動
行動として現れてくる
そのときに起こりうるのが
スタッフ自身の成長を求める
という心理だろう
今回のスタッフの件に関しても

ミッションを意識し
自分自身の仕事や
経営に対し
意識が高まったお前は
そもそも
成長とは
何だ？
成長
スタッフ
長
リーダーシップ
スタッフに対し
成長を求める
という行動を
起こしたわけだが
えっ
今ある状態から
どうなることを
成長と言う？
…
成長……
より意識の
高い自分へと
変化する
ですかね？
求める自分
今ある自分
変化
そう
〝変化〟だ

つまり
成長を相手に求めるということは言い換えれば
成長した自分
?
変化
今の自分の
現状
今ある状態から変化することを求めているということになる
しかし
ここで理解してもらいたいのは
相手に変化を求めるということは
否定
今のままじゃ駄目だと相手の現状を否定することにつながる
!
同じように
自分自身に成長・変化を求めることは
自分自身の否定にもつながるということにもなる

そこで考えてもらいたい
成長を求める変化を求めるという
変化
求める対象の現状を否定することが
現状
本当に成長につながるのかということを
相手や自分を否定する中で
成長は生まれてくるかということを
考えてみてもらいたい
否定の中で成長…
でもそうしたら成長はどうやってするんだ…?
少し補足説明しよう

『自己受容・自己変容・自己成長』

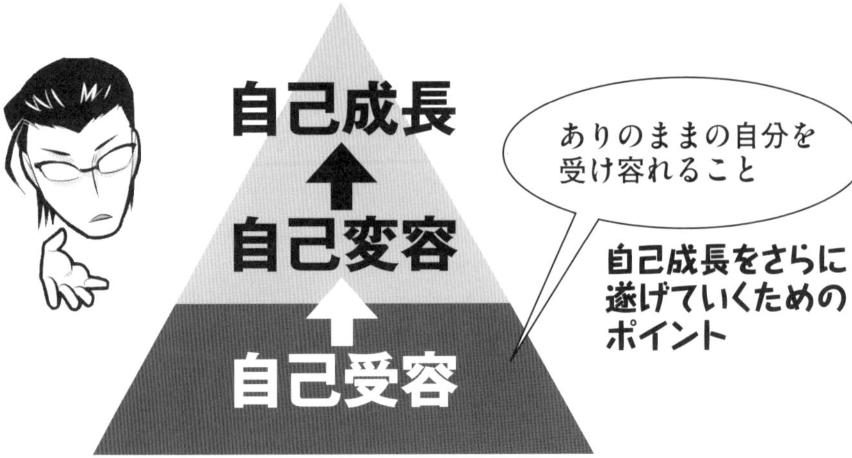
自己成長
自己変容
自己受容
ありのままの自分を
受け容れること
自己成長をさらに
遂げていくための
ポイント

『受容・共感・傾聴』

受け容れること 「この人は自分のことを受け容れてくれる人だ」

↓

共感すること 「この人は自分の気持ちをわかってくれる人だ」

↓

傾聴すること 「この人は自分の話を熱心に聴いてくれる人だ」

信頼関係（ラポール）を
構築するプロセス

ということなんだが…
今の説明とさっきの問いを踏まえて
奥村がそのスタッフにとった行動は
どういうことになる…？
僕…
スタッフのことを
否定してしまっただけだったんですね…
ポン
起こってしまったことやってしまったことは
仕方がない
失敗してしまったのであれば
それをどう次に活かすか

それが一番大事だろう？
はいっ
さっきも言ったが
まずは自分自身
良いも悪いも受け容れるんだ
そしてスタッフの良いも悪いも
ありのまま受け容れてやれ
受け容れた結果見えてきたもの
わかってきたことを
次につなげて良い方向へと導き
行動
行動
行動
行動
積み重ね行動へと移すことが
重要なんだ
今起きている出来事は
過去の自分の意識の結果
過去
過去
過去
過去
過去
過去
過去
過去
過去
現在
であれば
次へつなげようとする意識の積み重ねで未来を変えることは

できないことじゃないですね!!
ポンッ
今のお前ならできるよ
奥村歯科クリニック
院長室

スッ
ペラッ
キィ…
受容・共感・傾聴
自己受容・自己変容・
自己成長・・・
ラポール
信頼関係
ズッ
ズッ
ズッ
ズッ
ズッ
あとで知ったことだが
高梨さんは俺の負担を少しでも減らそうと独学で勉強していたらしい
高梨さん へ
要するに先輩の言うとおり
彼女自身何か変わり始めようとしていたということだ
そしてそれはつまり

彼女自身が前向きに取り組み始めていた矢先に
彼女自身の現状を受け容れることもなくただ一方的に叱責してしまったということ
そんなことがあれば
なるべくしてなったとしか言いようがないが
奥村
相葉
高梨
欠
名前
16 17 18 19 20 21 22 23 24 25 26 27
欠
高梨さんはその後ぱったりと来なくなってしまった
ちえから聞いた話では
助手なんて誰にでも
できますから
相葉さんはそう言って新しいスタッフを雇うよう勧めてきたらしい
やる気がないんなら辞めたらって
私も彼女にずっと言っていたんです
俺の知らないところでも・・・

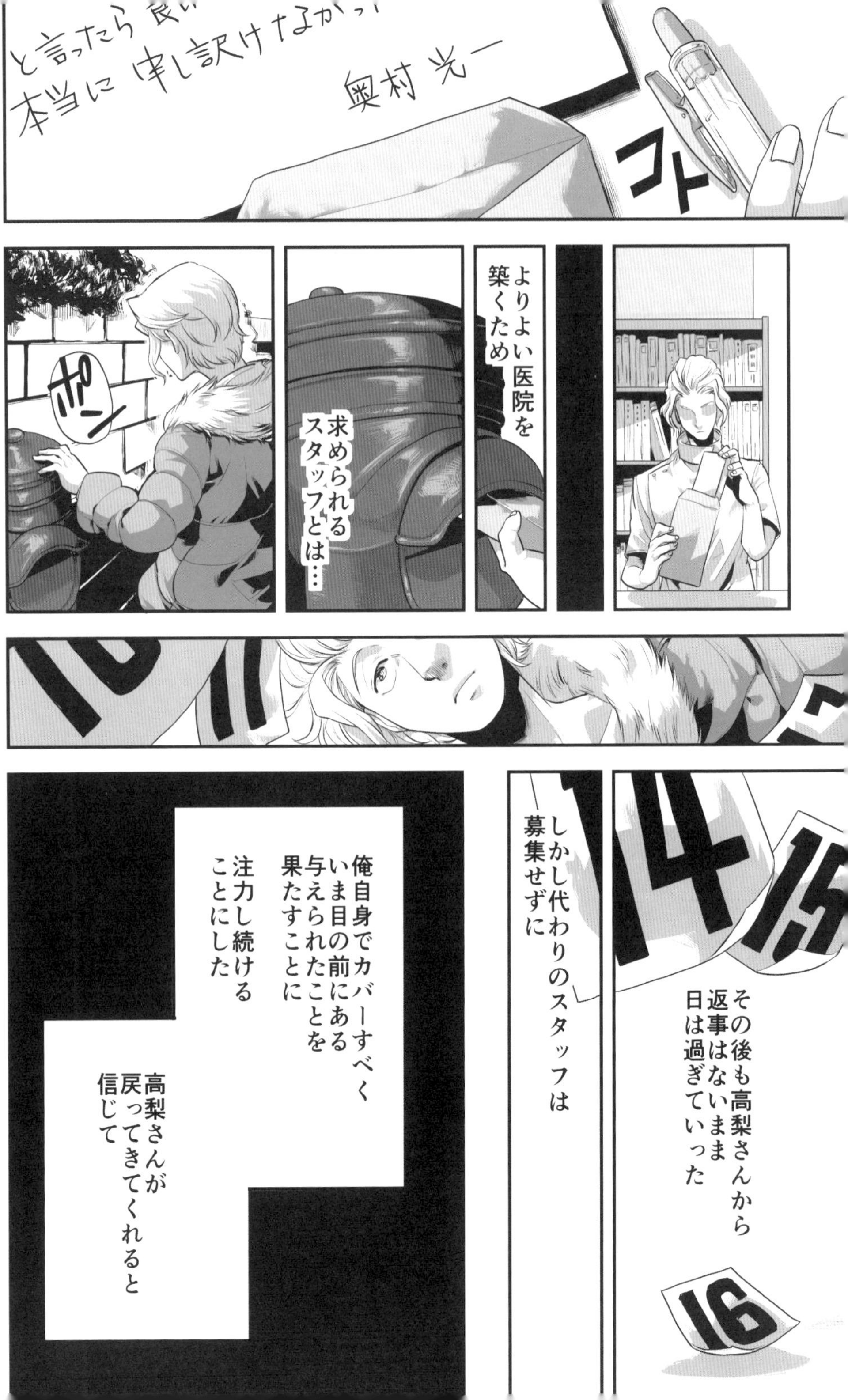

と言ったら良い
本当に申し訳けなかっ
奥村 光一
コト
よりよい医院を築くため
求められるスタッフとは…
ポン
その後も高梨さんから返事はないまま日は過ぎていった
しかし代わりのスタッフは募集せずに
俺自身でカバーすべくいま目の前にある与えられたことを果たすことに注力し続けることにした
高梨さんが戻ってきてくれると信じて

本日の診療は終了しました。
第4話
ミッションは灯台の灯り
コン
コン
このところ色々ありがとう
いえ お気遣いなく
これも仕事ですし
奥様にも手伝っていただいていますから
そっか
そういってもらえると助かるよ
スッ
奥村
相葉
高梨
欠
16
17
19
連絡ないね・・・

もう新しいスタッフ雇われたほうがいいんじゃないですか？
え？
いろいろあったにせよ
こんな長く休んだまま連絡がないなんて
仕事意識が低い現れですよ
ミスは多い勝手に早退する保育園からの急な呼び出し
そんな人を雇っても意味がないです
……

本当ならコレ
歯科衛生士の仕事じゃないですからね
それについては本当にごめん
先生に謝ってもらいたくて言っているワケじゃないです
でも
募集をしても歯科衛生士はなかなか来ないこと
先生もご存知ですよね？
まあ・・・
それに比べて歯科助手は
無資格でもできる仕事ですから
私としては早めに見切りをつけて

新しいスタッフを入れていただいた方が
よいかと思いますけどね
誰にでもできる仕事ですから
……
ピコンッ
あ
みてみてっっ
話は変わるんだけどさ
最近患者さん増えてきたと思わない？
……
確かにここ最近
予約表もにぎやかになってきましたね
でしょでしょ!!!

ただ
今まで以上に
デンタルーQが
低い方が
多い
です
ぐさーーーっ
そーーですケドも….
でっでも！
逆にさ！
知識や意識がない人たちにうちが教えられれば
デンタルーQ向上のキッカケになるかもしれないし！
説明した所でわからない人はわからないですよ
そこをさ！自身で口内環境を整える意識を持つことで
予防になるってことからでも理解してもらえるように・・・
ですから!!
びくっっ
それを理解させるのが
難しいんじゃないですか

それでも
それを伝えていくことも
僕たちの大切な仕事なんじゃないかな
例えばさー
今までは業者にまかせっきりだったけど
予防歯科について
患者さんの声を反映させながら
小冊子とか院内だよりを発行してみたり
院内便
vol. 10
親子で来院される方も多くなってきたから
親子で歯について学んでもらうようなイベントとか
先生
この手薄なスタッフ状況で
それできます?

現実的じゃ
ないですよ
先生の想いも
わかります
けど
まずは
患者さんを
待たせない
体制づくりに
目を向ける
べきなんじゃ
ないですか
新しい
スタッフを
雇って
そっ…
ビクッ
それについて
なんだけどさ

本日の業務終了しましたので
帰らせていただきますね
スッ
お疲れさまでした
お　お疲れさま…
院長室
あーあ…どうしたらいいんだろ…
ギシッ

悩んでも仕方ないのは
ギシギシ
わかってるんだけど・・・
あ！
あ、ちえ？
ちょっと相談なんだけどさー
今うちがうまくいってないのであれば
うまくいってる中川先輩の所見学させてもらえれば
中川先輩のところにさー・・・
何か見えてくるかもしれない・・・！
というワケで今日は
奥村歯科クリニックの院長夫妻が一緒に現場に入ります

慣れない職場になりますので……
見学だけのつもりだったんだけどなー……
じっ
あっ
はじめまして奥村と申します
カチ
コチ
今日は妻と二人で見学も兼ねてご一緒させていただくことになりました
いろいろと勉強させていただこうと思いますので

何卒よろしくお願いします
ぺこっ
奥村院長には勤務医として働いてもらいますので
気兼ねなく声掛けしていってください
では……
今日の予約状況と患者さんの状況報告を…
▶超音波スケーラー
歯石や歯垢、着色汚れを
チップ先端の超音波の振動によって
効率よく取り除きます。
特診室
Special Clinic

午前診療終了でーす
お疲れさま――っっ
先輩の おくさんだー
えっ
お疲れさまです
お昼一緒させてもらってもいいですか？
ぜひぜひ！

慣れない場所で気疲れされませんでしたか？
うちの人人づかい荒いから…
いえ！
すごい元気をもらえました！
ほわ〜っ
それならよかったです
なんというか
スタッフの皆さんももちろんそうなんですけど
お子さんからお年寄りの方まで皆さん
笑顔なのが印象的で
ガシ
うちもそうあ
奥村
メシ行くぞ
え!? いや僕、弁当もってきて…
おつかれ
こーちゃんおつかれさま
オロオロ

ニコッ
奥さん すみません
奥村 かりますね
お弁当とっておいてねー
ずるずるずる…
行ってらっしゃーい
いつも主人がお世話になってます
いえいえこちらこそー
つれてかれちゃいましたねーー
800
僕、弁当持ってきてたんですよー
メンカタ
油多めでー
気の利かねえやつだな
大盛
弁当はあとで食え
院長の嫁同士 歯科衛生士同士で話す機会を
設けてやれよ
なるほど
ニコ
で
その後どうだ?

あー…
この間のスタッフからまだ連絡は…
そうか…
ドン
一度はお前のミッションに惹かれて頑張り始めてくれたスタッフであれば
お前が誠心誠意伝えられれば戻ってくるかもしれん
お前もそのつもりで
待ってるんだろう?
ふぁい…!
食ってからしゃべれ
モゴ
モゴ
ミッションは灯台の灯りみたいなもんだ

灯台の灯り
ですか
ニヘラー
ニヤニヤしてきもちわるぃ
なんだよ
先輩の口から出るには
ロマンチックな言い方だなあと
羅針盤とでも
言い換えてもいいが
いえ
今の僕には真っ暗闇の中の光と言ったほうが
経営状態的に合致してますしね
まだ借金が―…
がんばれ
そうかもな
あ
でも
その灯台の灯りを目指そうとしない人は
出てこないんですか？

そういう奴は
自ずと辞めていくんじゃないか？
そのスタッフには別の灯台があるのかもしれんしな
……
それはそうと
お前
俺に何か聞きたいことがあったんじゃないか？
忘れてたっ
そうでした！

あの
先輩の名前
「中川」じゃない
ですか
でも医院名は
かしわ葉デンタル
クリニック
ですよね？
あー…
医院を開業する
にあたって
嫁と二人で
話したんだよ
かしわ葉
デンタルクリニック
ひとりひとりの患者さんの「大切」な
1本1本の歯に向き合って治療をします。
自分たちの苗字
そのままの医院名は
やめようって
で
あいつが
調べてきたんだ
中川家の家紋の
「柏葉」について
柏葉は冬になっても
葉を落とさず
春に新芽がでてから
初めて落葉
するらしい

次の新たな芽が出てようやく葉が落ちるその柏葉のイメージを
大切にしたいと言い出して
かしわ葉デンタルクリニックになった
へー…そんな想いがあったんですね…
パーソナルブランドを
かしわ葉デンタルクリニック
伝える一つの手段として医院名があるんだ
うちの医院のミッションである
成長を通じて個人と組織の幸せを実現し社会に幸せを提供する
と柏葉の意味を
表現したんだ

かしわ葉
デンタルクリニック
ミッションを医院名に反映させる…か…
午後の診療も現場に立たせてもらい
改めて実感したことは
勤務医も歯科衛生士も歯科助手も受付の人も皆が理念を共有し
いきいきと働いているということだった
そうすることで一人一人が共有されたミッションをもとに
一から十まで指示せずとも
灯台の灯りに導かれる様に求めている医院のあり方に沿った行動をしている様にみえた
そう考えると…
お疲れさまです
おつかれさまデ
俺のミッションに呼応してくれた高梨さんは
うちの医院に本当の意味で必要な人材だったんじゃないだろうか…
ザァァァ

バサッ
かしわ葉
デンタルクリニック
すてきな名前の由来よね
医院名変えたくなった？
かしわ葉
デンタルクリニック
うん

今日
先輩の医院に
行って
改めて
パーソナル
ブランディングの
重要性を
知ったというか
医院名にそれを
反映させるのって
いいなー…って
院長あいさつ
かしわ屋デンタルクリニックで伝えたい想い。
デザイナーさんとか
看板屋さんとか
いろいろお金
かかっちゃう
けどね
…そうだよね
でも
こーちゃん
かしわ屋
デンタルクリニック
やろうよ
CT入れるより
安いもん♡
笑

だって
ここから再出発するって
ぐっ
決めたじゃない
……!!!
ありがとう!!!
そしてまた僕は高梨さんに手紙を書くことにした
内容は前回同様お詫びを書くと同時に
高梨さんが変わろうとしていたことを僕自身が気づくことができたということを書いた

あの時
自分が打ち立てた
ミッションに
呼応してくれた
高梨さんであれば
きっと
戻ってくれると
確信して
それと同時に
この手薄な
スタッフ状況で
それできます？
そういう奴は
自ずと辞めて
いくんじゃ
ないか？
歯科衛生士である
相葉さんと
どうしていくべきかも
腹に決めて

第5話 すべては患者さんの笑顔のために

落ち着いていられるわけないです!!!
新しいスタッフは雇わない高梨さんを待つ
その間にやるのは院名を変えること!!?
はっきり言って意味がわかりません!!!
高梨さんを辞めさせない理由もわからないですし
高梨さんについては
あの勤務姿勢を作ったのは僕でもあるから
責任を持つべきなのは僕だと思うんだ
村
高梨

仕事に対する意識が高い人は
自分から努力していきますよっ
経営者がそれを考えてしまったら
完全に他責思考じゃないか
ちえから聞いた話高梨さん自身
独学で勉強も始めていたみたいだし
あるときから高梨さんのミスが減ってきていたこと
相葉さんも知ってたでしょ?
それにさ

彼女の早退の多さはお子さんのことがほとんどだったから
そのあたりは託児スペースを設けることで
解消できるかなと思ってるんだ
そうすれば高梨さんだけじゃなくて
お子さんのいる方も安心してうちに来院できるようになるでしょ?
だから高梨さんの意思を確認するまで
今の体制のままやりたいんだ
それで院名を変えて
歯科医院をブランディングしていくために
冗談じゃない!!

だったら私の給与を上げてください!!!
今さら院名を変えることが
経営改善の第一歩?
看板設置や診察券の印刷費用がかかるだけじゃないですか
そんなことにお金を遣うんだったら
給与を上げられなかったとしても福利厚生を充実させたり職場環境づくりに目を向けるべきなんじゃないですか!?
相葉さん
待って僕が言いたいのは…

医院名を変えた〝程度〟のことで
何が変わるって言うんですか!!?
ブランディングとか理想とか夢とか
それは大層なことですけど
現実的にそんなことできるわけないってわかってますでしょ!?
でも
歯科医院の理念を明確化させてから患者さんの笑顔
増えていると思うんだ
じゃあその笑顔は
売り上げにつながっているんですか?

え…
売り上げにつながっているとして
私の給与や福利厚生の整備などに反映させずに
看板や印刷物に反映させようとしているんですよね…？
奥村歯科
奥村歯科クリ
↑スマイルプラスデンタルクリニック ロゴ
診察券
奥村歯科クリ
写真さしかえ 撮影
院長あいさつ さしかえ 考える!!!
待遇に反映させないとは言ってないよ
ただ
この医院で働いていくことが相葉さんの自己実現につながらないかな？
僕たちがなぜ歯科医療に携わっているのか考えたら
それって本当に給与、待遇でしか対価は得られないのかな・・・？
先生
それって

ブラック企業の〝やりがい〟給与詐欺
低賃金給与の言い訳ですよね？
!!!
私たちのやりがいをエサにして
給与や待遇を変えませんって言われたも同然ですよ
もういいです
こんなんじゃいくら話しても平行線ですよね

それなら
私
辞めます
!!!

相葉さんに辞められてしまうとなると
うちの医院は
すごく厳しい状態になる
……
ニッ
けど
相葉さんがそう決めたなら
スッ
僕は
止めない
!!
私が辞めるということは
歯科衛生士《わたし》がいることで得られる診療報酬点数を
お捨てになるということですよ!?

そうだね
先生一人で
ユニット2台は
回せなくなります
うん
ユニット
ユニット
DOWN
売上
直結して
売り上げも
下がります
そうだね
歯科衛生士が
どれだけ
雇いづらいかも
ご存知
なんですよね
……
うん
募集をして
すぐに良い
歯科衛生士さんが
来てくれる
というのは
難しいこと
だろうね
特に
相葉さんのような
腕のよい人
となると
なおのこと…
それを
わかっていて
なぜ!

だって
理念を共有できないのであれば
同じ方向を向いて一緒に医院経営ができないじゃないか
…とは言っても
相葉さんがいなくなることで
患者さん
患者さん
保険点数が減ることもユニットの稼働率が下がってしまうことも
下がる売り上げ
それが売り上げに直結してしまうことも
使わないユニット

よく
わかってる
つもり
でもさ
相葉さんが
さっき言っていたことって
うちの医院のミッションである
患者さんが笑顔になる事の意義や必要性よりも
泣かないで治療できたよ!!!
自分自身の給与や待遇金銭面とかが第一になってるってことだろう？

それは
僕の思い描く歯科医療の姿とは
違うものなんだよ
それに僕は助手とか歯科衛生士とか
無資格有資格で差別するようなスタッフには
居てほしくないんだ
このところずっと考えてるんだ
僕は何のために歯科医院を経営したいと思ったのか
何のために歯科医師になったのか

相葉さんは…
相葉さんは何のために
何をしたくて
歯科衛生士になったの…？

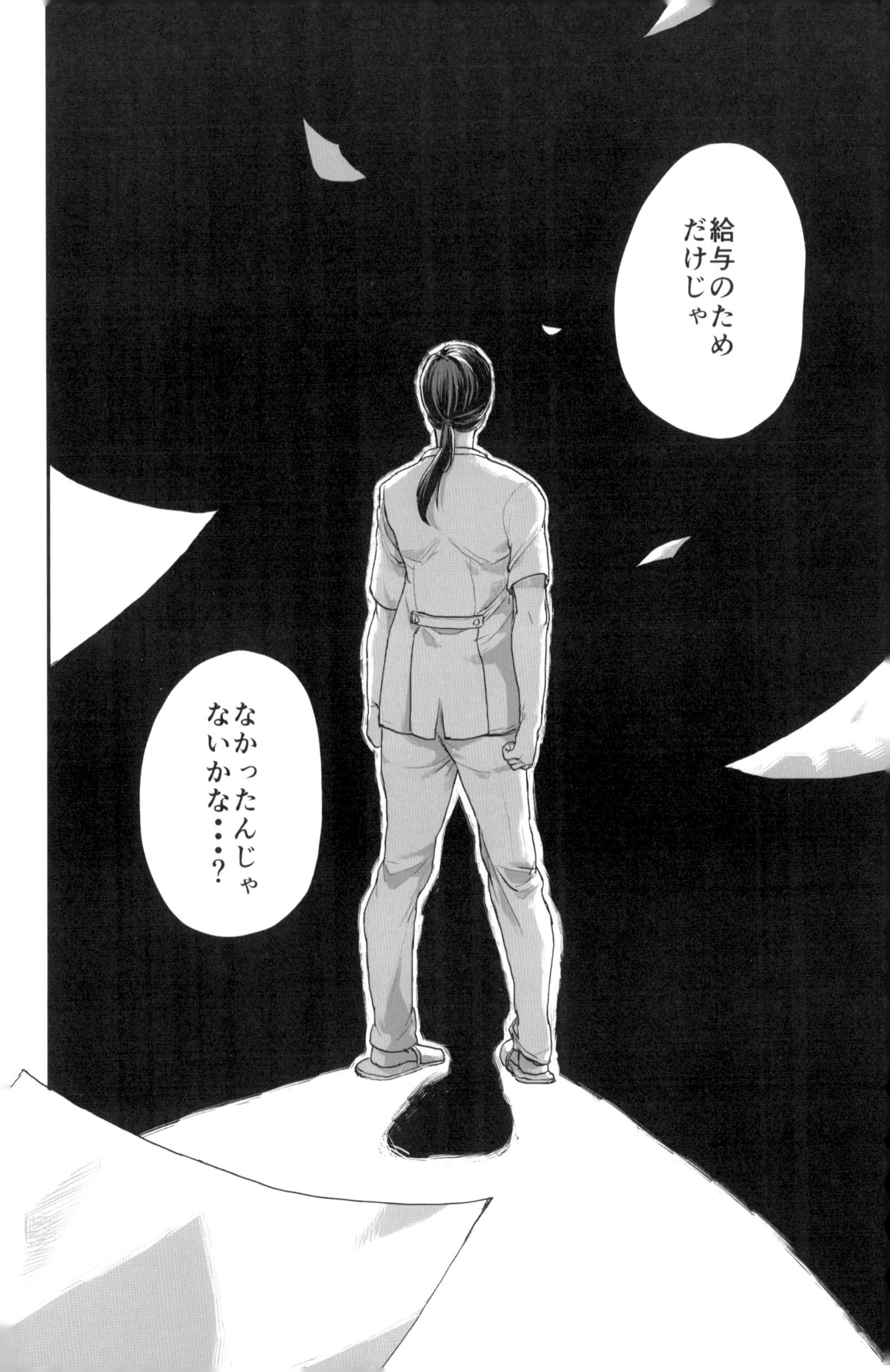
給与のためだけじゃ
なかったんじゃないかな・・・？

この後も
相葉さんに
ミッション共有の
重要性や
僕がこれから
目指している
歯科医院の
ブランディングのこと
時間をかけて
いろいろ話をした
退職届
けれども
……
ぎゅっ
退職
ぽんっ
歯科衛生士である
相葉さんが
辞めたことによって

2台あるユニットのうち1台のみの稼働になるか・・・
と思っていたのだけれど
ちえが現場に戻ってくれると言ってくれた
ちえが復帰するにあたりちえから離れないでいた息子が
お母さんのために
保育園がんばる!
毛布もっていってもいい?
と言い出してくれたらしい
僕は改めて家族という存在に
がんばったわね～!!
泣かないでおひるねしたよーっ
支えられていることを思い知らされたそして
こーちゃん!
高梨さんから手紙・・・!

そして
待ち続けていた
高梨さんから
東京都○○区
△△町1-2-3
高梨めぐみ
手紙が届いた
そこには
高梨さんが
うちの医院に
働きたいと
思ったキッカケ
が書かれて
いた
それは
僕が開業当初
抱いていた夢や
使命感に共感して
ぜひここで
働きたいと
思っていたこと

しかし
働き始めてから
次第と
僕が使命感を
失いつつある
ように
見えていたこと
僕がそのとき
やろうとしていた
ことに
本当に
これでいいのか
と不安に思い
次第に
仕事に対し
モチベーションが
下がっていたこと
…など
彼女の気持ちや
状況について
事細かに
書かれていた
その最後に
締めくくられていた
言葉は…
連絡もしな
もしまだ　可能なのであれば
先生の言っているミッションの
働きたいです。

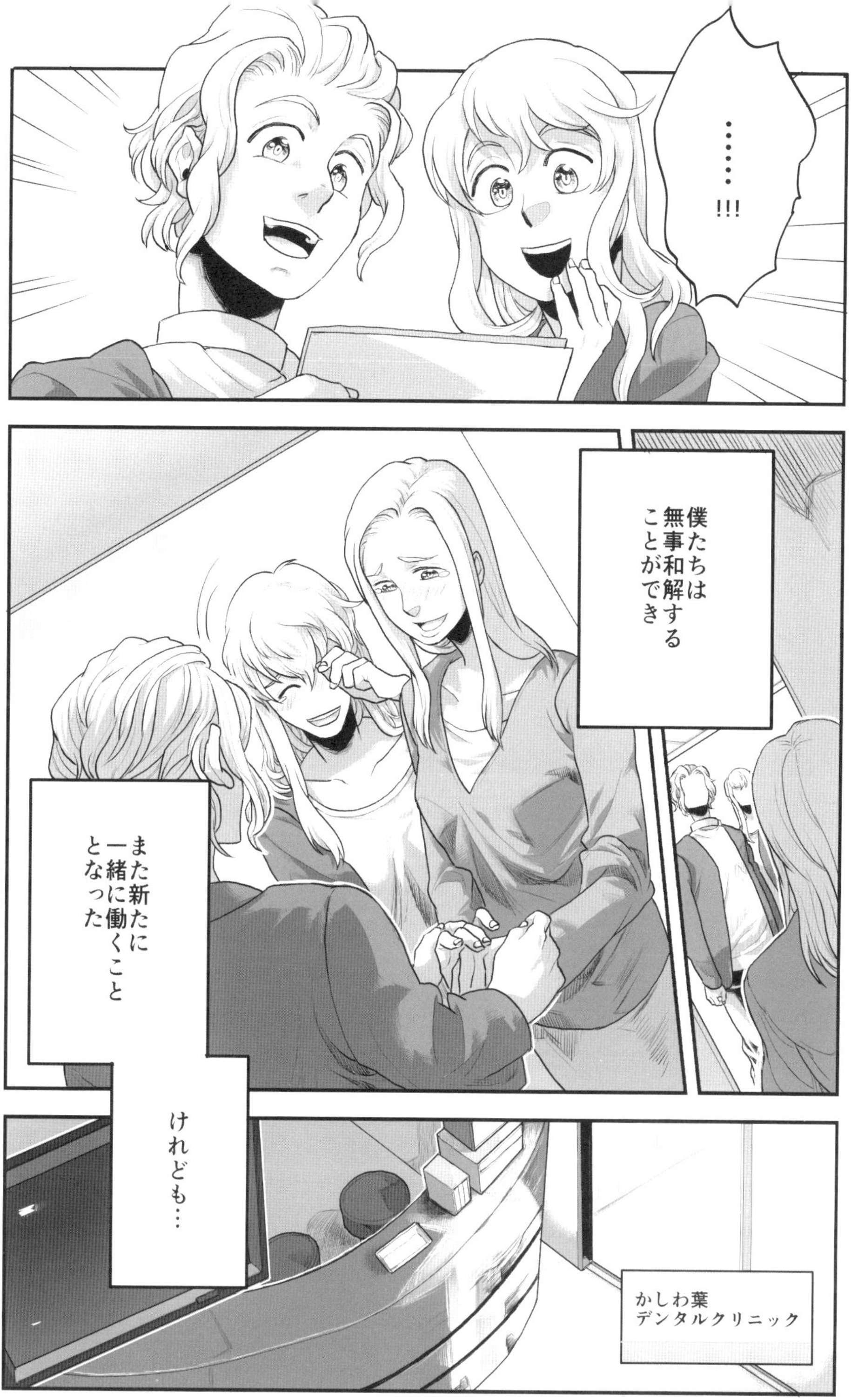
……!!!
僕たちは無事和解することができ
また新たに一緒に働くこととなった
けれども…
かしわ葉
デンタルクリニック

お前は
まったく…
きゅっ
ミッションや
リーダーシップを
わかってないな
えええっ!!?
そんなに医院を思って
頑張ってくれていた
その歯科衛生士を
辞めさせて
しまうとは
情けない
ちょ
ちょっと待って
ください
ミッション…
その灯台を
目指さない人は
自ずと
辞めていく
って
先輩が…

ばかやろう
だからお前は
わかってないと
言ってるんだよ
自ずと
辞めたか？
お前が
促したんだろうが
ギシッ
俺が聞く
限りでは
彼女は人一倍
お前の医院の
ミッションや
価値観を
共感していた
スタッフだと
思うがな
だいたい
なんだよ
お前のその
やりとり
だったら
うっ
彼女がそう
言ってくるのも
当然だろう

パーソナルブランディングのために看板?
その看板に金をかけるんだったら
まずは助手がいなくなった際に仕事を多く引き受けてくれた
彼女の待遇をよくするのが先じゃねえか?
やりがいが自己実現がと大層なことを言ってくれてはいるが
助手の分まで頑張ってくれたそのスタッフに
お前は何をしてやった?

確かに 医院の名前を 変えて
ブランドの 定着化を図ろうとする
それはいい
だが 順番が逆 だろう
まずは 頑張ってくれた 彼女の
給与、待遇の 改善をはかり
その上でのこと なんじゃないか？
そもそも
スマイルプラス デンタルクリニック の
スマイルって なんだよ

経営者である
お前が
スマイルで
いて初めて
スタッフも
スマイルになれる
そこに
患者さんの
スマイルも
生まれる
だからこそ
まずはお前から
スマイルが
リーダーシップ
というもの
だろ?
おっしゃる
通りです…
奥村
顧客価値
患者価値は
社員価値
スタッフ価値から
生まれるもんだ
患者価値
顧客価値
社員価値
スタッフ価値

それがなくて患者さんにスマイルとは
確かに…
絵に描いたモチだぞ
スタッフの価値を考えてあげることスタッフのキャリアパスを考えてあげること
そしてそのスタッフの自己実現の先にミッションがあること
ミッションは掲げることが重要なのではなく
スタッフにも定着し
診療の中にも練りこまれていることが重要なんだ
そういう意味ではまさに
お前は再スタートをきったというところ

ここから仕切り直しだな
――……!!
はいっ!!!
他にも学ぶべきこととして
経営戦略からマーケティング
人と組織
パーソナルブランドを広めていくツールの活用
リーダーシップについてなど
まだまだたくさんあるんだ
あ
これってまさに

ぐっ
歯医者復活戦ってやつですね！
ああ
フッ
期待してるよ
ポンッ
期待されたっ!

スマイル プラス
デンタルクリニック
エピローグ
自動
本日の
自分の意見と
違う意見に腹を立てず
そういう意見が出た理由を
理解しようとする術を
学ぶ事が大事である。
（バートランド・ラッセル）
キッズスペース
完備♪
しか
よぼう

使ったら
かたづ
次は一週間後になりますね
ええ
お子さんがいるせいかしらね？
おだやかな通いたくなる雰囲気になったわね

あっ…
うるっ
パァァァァァァ…
ありがとうございます!!
スタッフが笑顔になれてそこで患者さんに笑顔ができる・・・か
きゅっ
本日の診療は終了しました。

先輩！　田中！
医院リニューアルおめでとう
あれから順調そうだな
はい！　先輩にはなんとお礼を言ったらいいか・・・

あの後俺には一切連絡がなかったから
心配していたんだが
うあ…ごめん…
先輩から右往左往するお前の様子はしっかり聞いておいた
つつぬけ！
じゃー私が先生からひどい扱いされたことも
ご存知なんですよね？
ええ全部
ひどいヤツですよねーっ
田中っ
次同じことがあったら田中先生のトコ行ってもいいですか？
今日からでもどうぞ
もー！やめてよーっ！
今までどれだけ理解をしないまま闇雲にやっていたかを
実感する

灯台の灯りも
ないまま
どこに行ったら
いいのかも
わからないまま
ただひたすらに
突き進もうとする
船に乗っていた
それがどれだけ
危ないことだったか
今考えてみれば
恐ろしいことだ
でも
これから先
成長していく自信と
確信は持てた
自分自身の
うちたてた
カッ
!
パーソナル
ブランドの
お陰で……

相葉さん!!
奥村
つもる話はまた今度
本当にすみませんでした・・・
ペこっ
あのあといろいろ考えました

何のために歯科衛生士になったのかって
先生に言われたこと
助手は誰でもできる…なんて
私が間違ってました
ギゅ
恥ずかしく思います
高梨さん
本当にごめんなさい
…
私、本当は
歯科医師になりたかったんです

だけど
なれなくて
その劣等感から
そんな風に
思っていたこと・・・
気がつきました
相葉さん・・・
相葉さんが
助手云々と
いうのは
お前の本音ベース
での
歯科医師と
歯科医師以外を
区別する意識が
相葉さんの
区別する意識を
呼び込んでいたんだ
……
あんな暴言を
吐いておいて
自分から
辞めていって
おいて
許されないかも
しれませんが

先生の灯台の灯りに
引き寄せられてまた来ました
もう一度ここで一緒に
働かせていただけませんか…？
相葉さんにひどいこといわれた…
って
思ってましたけど
相葉さんにああ言われても
当然のことしてましたよね
でもこれからは
相葉さんを見習って
成長していきたいと思ってます
だから
私は

ぎゅっ
相葉さんと一緒に働きたいです
僕も最近になってようやく思い出したんだ
何で歯科医院を開業したのかってこと
それと
相葉さんの歯科衛生士としてのキャリアパスを考えてあげられなかったこと

すごく後悔していたんだ
本当は相葉さんが一番医院の現実を
考えていてくれたのに
だから・・・
こちらこそよろしくお願いします!!

ピリリリリ
カタ カタ
カタ
メール受信
19
26
ピッ
差出人：中川先輩
宛　先：自分
無題
いいスタッフに
めぐり逢えたな。
まだまだ出来ていないことは沢山あるけれど
スタッフ一丸となってやっていけば
絶対に成長していける・・・!!!

先生?
こーちゃん?
僕たちの逆転劇は
みんな
本当にありがとう…!!!

今ここから
始まるんだ•••!!!

持続的成長を可能にするカギは、〝パーソナルブランディング〟

（「おわりに」に代えて）

この物語には、いくつかのキーワードが出てきます。なかでも「ブランド」というワードが、いちばん重要なカギになっているのはおわかりいただけるでしょう。

さて、ブランドとはいったい何でしょうか？　もともとは家畜を識別するために押した「焼印」が語源だとされていますが、いまでは〈高級な商品やサービス〉と解釈されるのが一般的でしょうか。ルイ・ヴィトン、ロレックス、フェラーリ、銀座 久兵衛、ザ・リッツ・カールトン……など、誰もが認めるブランドは数多あります。確かに、これらの商品やサービスが〝高級〟であるのは言うまでもないでしょう。

しかし一方で、高価な商品やサービスだけにブランドが存在するかというと、そうとは限りません。なぜなら〈良いものを安く提供する〉というのもブランドの一つだからです。たとえば、ユニクロ、ニトリ、コストコ、ＩＫＥＡ、無印良品、吉野家……など。

では、ブランドとは何か。

私は、ブランドとは〈約束〉だと考えます。簡単にいうと、「自分はこういう価値を提供することをお客さまに約束します。そのことに共感した方だけ当店の商品、サービスを購入してください」ということです。

物語の中で「持続的成長を可能にするためのカギは、パーソナルブランディングにある」といいました。人もブランドになり得るのです。誰にでもパーソナルブランドをつくるための「価値」はあります。もちろん、あなたにも。もし、「どうかな……」と、思いあぐねてしまうようなら、たとえばこのように考えてください。

〈自分自身にキャッチフレーズを付けるとしたら……〉

それを言葉にしてみましょう。ほら、出てくるでしょう? そうして言語化したら、次は人に伝えるのです。この一連のステップが、ブレない自

持続的成長を可能にする成功法則

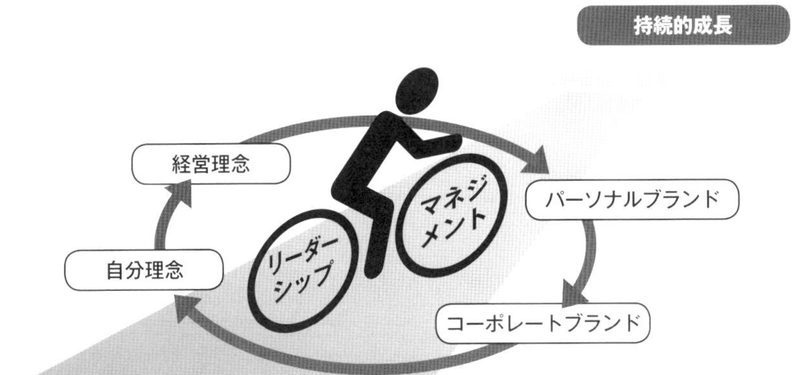

分の軸となる〈自分理念〉を明確にし、パーソナルブランドに育てていきます。

しかも、起業家にとって心の柱ともなる〈経営理念〉は、〈自分理念〉の延長線上に生まれるものだからです。ブレない自分があれば、経営理念も自信を持って掲げることができるでしょう。このようにパーソナルブランドは、コーポレートブランドへとつながっていくのです。そして何より、このようなプロセスを遂行していくことで、起業家の〈リーダーシップ〉が培われ、マネジメントは有効に機能していくのです。

そうして、〈潜在→見込→既存→固定→ファン〉というグッド・サイクルを生み出し、ブランドとして人（顧客や人材など）に選ばれます。持続的成長は、このようにして確かなものとなっていくのです。

グッド・サイクル

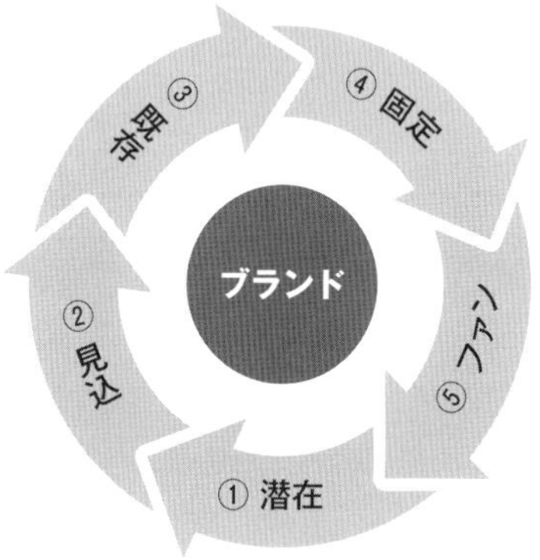

物語では、歯科医院を開業した若き歯科医師を主人公にしましたが、どのような起業家にもあてはまる普遍的な原理原則をテーマにしています。本書を通して、業種を問わず、さまざまな起業家の皆さんの「気づき」につながればこれほど嬉しいことはありません。それぞれのパーソナルブランドをシェアすることで、私たちの社会がより豊かに元気になることを願っています。

最後に、本書をまとめるにあたり、私のメンターから強く影響を受けています。立教大学ビジネススクール教授 田中道昭氏と、元スターバックスコーヒージャパンCEO 岩田松雄氏です。お2人に心より感謝いたします。

2019年9月

廣田祥司

歯《は》医《い》者《しゃ》復《ふっ》活《かつ》戦《せん》

2019年10月21日　初版第1刷

著　者 ―――― 廣《ひろ》田《た》祥《しょう》司《じ》
作　画 ―――― 砂糖《さとう》ふくろう
発行者 ―――― 坂本桂一
発行所 ―――― 現代書林
〒162-0053　東京都新宿区原町3-61　桂ビル
TEL 03(3205)8384　振替00140-7-42905
http://www.gendaishorin.co.jp/
デザイン ―――― 中曽根デザイン

印刷・製本　㈱シナノパブリッシングプレス　　定価はカバーに表示してあります。
乱丁・落丁本はお取り替えいたします。

ISBN978-4-7745-1811-4　C0034